GÉNÉALOGIE

DE LA FAMILLE

DE BARDOULAT DE PLAZANET

ET

DE LA SALVANIE

LIMOUSIN

d'après les documents conservés dans les dépôts publics
accompagnée d'un index des noms de familles et de localités

PAR

THÉODORE COURTAUX

Extraite de L'HISTORIOGRAPHE

(Recueil de Notices historiques sur les Familles et de Biographies)

PARIS

CABINET DE *L'HISTORIOGRAPHE*

Rue Nollet, 93

MDCCCXCIX

GÉNÉALOGIE

DE LA FAMILLE

DE BARDOULAT DE PLAZANET

ET

DE LA SALVANIE

GÉNÉALOGIE

DE LA FAMILLE

DE BARDOULAT DE PLAZANET

ET

DE LA SALVANIE

LIMOUSIN

d'après les documents conservés dans les dépôts publics
accompagnée d'un index des noms de familles et de localités

PAR

THÉODORE COURTAUX

Extraite de L'HISTORIOGRAPHE
(Recueil de Notices historiques sur les Familles et de Biographies)

PARIS

CABINET DE *L'HISTORIOGRAPHE*

Rue Nollet, 93

—

MDCCCXCIX

*A mon ancien condisciple
à l'Ecole de Sorèze, demeuré mon ami,*

Joseph SÉRAGER,

*bâtonnier de l'ordre des avocats
de Tulle,
je dédie cette petite étude
sur son pays natal.*

Th. C.

Paris, 15 janvier 1899.

DE BARDOULAT DE PLAZANET

DE LA SALVANIE

EN LIMOUSIN

ARMES [1] : *d'azur à un chevron d'argent accompagné de trois molettes d'éperon de même, deux en chef et une en pointe.* Supports : *deux lions.* Couronne : *de marquis.* (Sceau en cire rouge apposé par Dominique de Bardoulat de Plazanet à son testament du 11 mars 1762. *(Archives de la Corrèze. E. 647.)*

---

1. Les armes de la famille de Bardoulat sont ainsi blasonnées en tête de la notice qui a été publiée sur cette famille par le vicomte Ludovic de Magny, dans le tome XII de son *Nobiliaire universel* : *Coupé : au 1er, d'argent à un chevron de gueules surmonté de 3 étoiles d'azur, accompagné en pointe d'une ancre de sable* (qui est de Bardoulat); *au 2e, d'argent à un chêne de sinople, entortillé d'un serpent de gueules* (qui est de la Salvanie). Supports : *deux lions.* Devise : *Impavidus.*

D'autre part, une note du XVIIIe siècle qui se trouve dans le registre 194 des *Pièces originales* de la Bibliothèque nationale, cote 4224, nº 4, décrit de la façon suivante les armes des de Bardoulat, seigneurs de la Salvanie,

La famille de Bardoulat de Plazanet et de la Salvanie est originaire de la ville d'Eymoutiers en Limousin, où elle apparaît au milieu du XVIe siècle et à qui elle a donné des lieutenants, des consuls, un commissaire des tailles, des chanoines ; elle a aussi produit des avocats au parlement de Bordeaux, des juges de Nedde et de Châteauneuf, deux prieurs, l'un de Bujaleuf et l'autre de Sallertaine, un chanoine de l'église cathédrale de Tulle, une supérieure des Ursulines de Limoges, une sœur béatifiée du même couvent, un mousquetaire et un gendarme de la garde ordinaire du Roi, un gentilhomme du comte de Clermont, capitaine au régiment d'Enghien, chevalier de Saint-Louis et écuyer cavalcadour de la reine Marie Leczinska, un grand prévôt de la généralité de Limoges, trois trésoriers généraux de France en la même généralité, un gouverneur de Treignac. En 1787, elle a fait des preuves de noblesse pour le service militaire devant Louis-Nicolas-Hyacinthe Chérin, généalogiste des ordres du Roi[1]. Elle a possédé en Limousin les domaines de Plazanet, la Salvanie, la

---

de Lissat et de Puymège, etc. : *d'argent au chevron de gueules accompagné de 3 étoiles de même, une en chef et deux aux côtés, et en pointe d'un croissant aussi de gueules, soutenant une rose de même* (qui est de Bardoulat); *coupé d'argent au saule de sinople au tronc duquel est enlacée une S de sable* (qui est de la Salvanie).

Mentionnons enfin pour mémoire l'enregistrement d'armoiries Bardoulat de la page 328 de l'*Armorial du Limousin* de 1696 : N... Bardoulat*, commissaire de la grande prévôté : *d'or à deux fasces d'azur.*

* C'est Jacques Bardoulat, sieur de Planchemouton, paroisse d'Eymoutiers (Haute-Vienne).

1. Bibliothèque nationale. *Collection Chérin*, vol. 14, cote 285, et 214, f° 117 verso.

Brousse, la Brunerie, la Chassagne, las Costas, Donnet, les Eglisaux, Lissat, Maugein, Nègremont, la Planche-Mouton et Puymège. Sa filiation a été établie, d'une façon exacte, d'après les états-civils d'Eymoutiers et de Tulle, les archives départementales de la Corrèze et les preuves faites devant Chérin en 1787, à partir de :

I. *Guichard* BARDOULAT, juge de Nedde et lieutenant de la châtellenie d'Eymoutiers en 1558, eut pour fils :

1° *Pierre*, qui suit.

2° *Guillaume* BARDOULAT, vivant le 22 oct. 1613.

II. *Pierre* BARDOULAT, de la ville d'Eymoutiers, le 12 décembre 1581, devant Dangrezas, notaire royal de Limoges, au nom de Guichard Bardoulat, son père, confessa avoir reçu comptant de monsieur maître Léonard Chemend, receveur pour le Roi des tailles et équivalents au pays de Limoges, la somme de 16 écus 55 sols 3 deniers pour trois quartiers d'une rente à eux constituée « pour raison des « emprunts par eulx fournys au Roy ès années « mil cinq cens cinquante huict et cinquante neuf. » (Bibl. nationale. *Piéces originales*, reg. 194, cote 4224, n° 2. Parchemin original.)

Pierre Bardoulat eut, d'un mariage que nous n'avons pu retrouver, trois enfants :

1° *Guillaume*, qui suit.

2° *Jeanne* BARDOULAT, femme de *Guillaume* BOYER en 1637.

3⁰ *Pierre* BARDOULAT, avocat au parlement de Bordeaux, lieutenant des deux juridictions d'Eymoutiers, juge à Nedde pour les abbé et religieux de Solignac (abbaye de bénédictins en Limousin, en latin *Solemnia-cum*), commissaire pour le Roi en la grande prévôté de la généralité de Limoges et juge de Châteauneuf, naquit en 1587.

Le 22 octobre 1613, honorable monsieur maître Jehan Martin, sʳ de la Bastide, conseiller du Roi, receveur provincial et payeur des rentes constituées en la généralité de Limoges, paya comptant, en quarts d'écu et autre bonne monnaie, en sa maison, à Limoges, à maître Léonard Ruben, praticien de cette ville et procureur spécialement fondé de maîtres Guillaume et Pierre Bardoulat, oncle et neveu, habitants de la ville d'Eymoutiers, la somme de 98 livres 5 sols 10 deniers due auxdits Bardoulat pour les intérêts d'une rente sur les tailles et équivalents du pays de Limoges. (Bibl. nationale. *Ibidem*, mêmes registre et cote, n⁰ 2. Parchemin original.)

Il mourut le 7 févr. 1654 et fut inhumé le lendemain au tombeau de sa famille, devant le grand portail de l'église d'Eymoutiers. Il avait épousé 1⁰ *Gabrielle* LESTRADE, morte à Eymoutiers, le 7 mai 1625, et inhumée le lendemain devant le portail de l'église de cette ville, dans le tombeau des Bardoulat ; 2⁰ *Jacqueline* SEIGLIÈRE, morte le 2 nov. 1638 et inhumée dans le cimetière d'Eymoutiers ; le registre paroissial porte qu'elle fit *une fort belle fin comme elle avait mené une belle vie*; 3⁰ le 25 nov. 1641, en l'église Saint-Pierre du Queyroix de Limoges, *Paule* D'AUVERGNE, qui, le 28 mars 1646, à Eymoutiers, fut marraine de Léonard-Joseph de Loménie, fils de Jean de L., receveur et contrôleur en la grande prévôté de Limoges ; le parrain fut Léonard Chastaignac, sʳ de Ligoure.

Le registre paroissial d'Eymoutiers porte que, le 23

avril 1652, Pierre Bardoulat *logea chez lui l'illustrissime et reverendissime messire Anne de Lévis, archevêque de Bourges et gouverneur en Limousin pour Mgr de Ventadour, son nepveu encore jeune, et une suite nombreuse du prélat qui se rendait à Meymac.*

Pierre Bardoulat eut de son premier mariage avec Gabrielle Lestrade :

A. *Gabriel* BARDOULAT, avocat au parlement de Bordeaux, d'abord greffier, puis, avant la mort de son père, juge au bourg de Nedde pour les abbé et religieux de Solignac, né vers 1622, épousa 1° *Gabrielle* TÉNÉYAUD, morte le 21 oct. 1653 et inhumée dans le tombeau des Bardoulat, devant le portail de l'église d'Eymoutiers ; 2° à Neuvic, le 18 mai 1655, *Marguerite* LOUBÈS.

Du premier mariage naquirent :

AA. *Marie* BARDOULAT, née et baptisée à Eymoutiers, le 5 janv. 1642 ; morte peu après.

BB. *N...*[1] BARDOULAT, fils, né le 14 nov. 1642 et ondoyé le vendredi après.

CC. *Paule* BARDOULAT, née le 11 nov. 1642 et baptisée à Eymoutiers, le 5 mai 1643 ; elle eut pour parrain son grand oncle, Léonard Tiveau, greffier, et pour marraine Paule d'Auvergne, femme de Pierre Bardoulat, lieutenant d'Eymoutiers.

DD. *Léonard* BARDOULAT, baptisé à Eymoutiers, le 7 juil. 1644 ; il eut pour parrain vénérable messire Léonard Bardoulat, prieur de Bujaleuf, et pour marraine Jeanne Ténéyaud, femme de Léonard Boyer, chirurgien.

EE. *Françoise* BARDOULAT, baptisée à Eymou-

---

1. N... = prénom inconnu.

tiers, le 31 oct. 1645 ; elle eut pour parrain Pierre Romanet, s^r de Beaune, et pour marraine sa tante paternelle, Marie-Françoise Bardoulat.

FF. *Pierre* BARDOULAT, baptisé à Eymoutiers, le 29 juin 1649 ; il eut pour parrain son oncle, Léon-Pierre Bardoulat, âgé d'environ 9 ans, *mais sachant parfaitement les principes de la doctrine chrétienne*, que le curé d'Eymoutiers lui fit *réciter à la porte de l'église, en présence de ses compagnons, pour leur bailler exemple*, et pour marraine Marie Rubent, femme de Pierre Bardoulat, s^r de Plazanet, consul d'Eymoutiers.

GG. Autre *Pierre* BARDOULAT, baptisé à Eymoutiers, le 25 nov. 1651 ; il eut pour parrain Pierre Bardoulat, s^r de Plazanet, et pour marraine Jeanne Bourdicaud, femme de Mr Lestrade, bourgeois d'Eymoutiers.

HH. *Marie* BARDOULAT, baptisée à Eymoutiers, le 15 nov. 1652, à l'âge de 15 jours ; elle eut pour parrain son oncle, Jacques Bardoulat, et pour marraine Marie Romanet, âgée de 7 ans, fille de noble Pierre Romanet, s^r de Beaune.

Pierre Bardoulat eut de son second mariage, avec Jacqueline Seiglière, six enfants :

B. *Guillaume* BARDOULAT, baptisé à Eymoutiers, le 30 avril 1630 ; il eut pour parrain Guillaume Bourdicaud, bourgeois et banquier de Lyon, seigneur de la Vouldy, et pour marraine demoiselle Anne Seiglière.

C. *Marguerite* BARDOULAT, née le 29 janv. et baptisée à Eymoutiers, le 28 avril 1631 ; elle eut pour parrain Guillaume Boyer, bourgeois, et pour marraine Marguerite Seiglière, femme de N... de la Grange, juge d'Eymoutiers,

D. *Françoise* BARDOULAT, née le 27 févr. et baptisée le 1er mars 1632, à Eymoutiers ; elle eut pour parrain Pierre Bardoulat, sr de Plazanet, et pour marraine Françoise de la Grange, fille du juge d'Eymoutiers.

E. *Léonard* BARDOULAT, né le 10 août, baptisé à Eymoutiers, le 5 oct. 1634 ; il eut pour parrain vénérable messire Léonard Bardoulat, prieur de Bujaleuf, et pour marraine Anne de la Grange, fille du juge d'Eymoutiers. Il mourut à Eymoutiers, le 11 nov. 1639.

F. *François* BARDOULAT, né le 21 et baptisé à Eymoutiers, le 30 oct. 1635 ; il eut pour parrain vénérable messire François Bardoulat, chanoine d'Eymoutiers et curé de Tarnac, et pour marraine demoiselle Gabrielle Boyer. Il mourut le 9 févr. 1636.

G. *N...* BARDOULAT, fils, né et ondoyé en mars 1637, mort le 8 mai suivant.

Pierre Bardoulat eut de son troisième mariage, avec Paule d'Auvergne, dix enfants :

H. *Léon-Pierre* BARDOULAT, chanoine d'Eymoutiers, né le 14 nov. 1642, baptisé à Eymoutiers, le 25 févr. 1647 ; il eut pour parrain vénérable messire Léonard Bardoulat, prieur et curé de Bujaleuf, chanoine d'Eymoutiers, et pour marraine sa tante, demoiselle Anne d'Auvergne. Il fut inhumé le 12 juil. 1654 à Eymoutiers, *dans le moustier, vis-à-vis la chaire du prédicateur, proche du pilier, du côté de la chapelle de Farsac.* Un mois avant sa mort, un samedi matin, immédiatement avant la grand'messe, il avait désigné pour son successeur en son bénéfice de chanoine d'Eymoutiers, Jacques son frère cadet, comme lui *escholier en quatrième à Lymoges.* Le registre paroissial d'Eymoutiers porte : *C'estoit un enfant bien né, de grand esprit et qui promettoit beaucoup. Il mourut dans une grande innocence et avec une très grande patience. Je luy administrai les Saints Sacrements plusieurs fois et avec une grande édification.*

I. *Jacques* Bardoulat, s^r de la Planchemouton, paroisse d'Eymoutiers, conseiller du Roi, commissaire en la grande prévôté du Limousin, né le 29 janv. 1644, baptisé à Eymoutiers, le 25 févr. 1647 ; il eut pour parrain Jacques d'Auvergne, s^r des Laseyx, et pour marraine Gabrielle Ténéyaud, femme de maître Gabriel Bardoulat, avocat à la cour du parlement de Bordeaux. Il fut inhumé en l'église d'Eymoutiers, le 10 mai 1717, à l'âge de 73 ans. Ses armes furent enregistrées d'office et de la façon suivante à la p. 328 de l'*Armorial de Limousin* de 1696 : *d'or à deux fasces d'azur.* (Manuscrit de la Bibliothèque nationale.) Il paraît avoir épousé *Anne* L'Hermite dont il eut : Charles-Joseph Bardoulat, baptisé à Eymoutiers, le 10 janv. 1686.

J. *Léonard* Bardoulat, né le 2 févr. 1645, baptisé à Eymoutiers, le 25 févr. 1647 ; il eut pour parrain Léonard Chastaignac, seigneur de Ligoure, grand prévôt de la généralité de Limoges, et pour marraine Narde d'Auvergne, femme de François du Verdier, écuyer.

K. *Marie* Bardoulat, baptisée à Eymoutiers, le 8 juil. 1646 ; elle eut pour parrain Gabriel Bardoulat, son frère, et pour marraine Marie Pradillion, femme de Jean de Loménie.

L. *David* Bardoulat, né le 20 et baptisé le 23 juin 1647, à Eymoutiers ; il eut pour parrain maître David Pradillon, lieutenant du grand prévôt de la généralité de Limoges, et pour marraine sa sœur, demoiselle Françoise Bardoulat, pensionnaire aux Ursulines d'Eymoutiers.

M. *Pierre* BARDOULAT, né le 24 sept. 1648 et baptisé à Eymoutiers, le 14 oct. 1649 ; il eut pour parrain vénérable messire Guillaume Boyer, prêtre, chanoine d'Eymoutiers, fils de vénérable Guillaume Boyer, aussi chanoine d'Eymoutiers, et jadis beau-frère du père de l'enfant, et pour marraine Marie Pradilhon, femme de Guillaume Rubent, procureur d'office d'Eymoutiers, sieur de la Sauterie.

N. *Françoise* BARDOULAT, née le 21 févr. et baptisée le 1er mars 1650, à Eymoutiers ; elle eut pour parrain Pierre Bardoulat, sr de la Brousse, et pour marraine Françoise Forest, veuve de noble Jacques Romanet, sr de Farsac.

O. *Joseph* BARDOULAT, baptisé à Eymoutiers, le 20 août 1651 ; il eut pour parrain Léon-Pierre Bardoulat, son frère, et pour marraine Catherine des Resnes , femme de N... Boyer, sr de Claux (Clos).

P. *Roland* BARDOULAT, né le 7, baptisé à Eymoutiers le 15 août 1652 ; il eut pour parrain noble et vénérable messire Roland de la Pomélie, prévôt du chapitre d'Eymoutiers, et pour marraine Léonarde Allonneau, femme de Pierre Rubent de Lombre, sr de la Vialle.

Q. *Marie-Anne* BARDOULAT, née le 27 juil. et baptisée à Eymoutiers, le 16 août 1653 ; elle eut pour parrain vénérable messire Gabriel Rubent, docteur en théologie et chanoine d'Eymoutiers, et pour marraine Jeanne Rubent, femme de noble Germain Pichard, sr de Villeforceix.

III. *Guillaume* BARDOULAT, co-seigneur de Coudert, né vers 1569, mort le 23 avril 1638 et inhumé le surlendemain dans le cimetière d'Eymoutiers, à l'âge de 69 ans environ, fut procureur d'office de la juridiction de Nedde pour les abbés et religieux de Solignac et procureur fiscal d'Eymoutiers. Il testa en 1631 (étude de Me de Guyment, notaire à Eymoutiers) et acheta en 1635 le domaine de la Chassagne (actuellement dans les communes de Toy-Viam et de Treignac). Il avait épousé *Gabrielle* Thiveaux, fille de N... Thiveaux, s^r de Rempnat (commune de la Vienne, canton d'Eymoutiers), morte le 2 déc. 1627 et inhumée dans le tombeau des Bardoulat, devant le portail de l'église. Il eut de cette alliance :

1º *Jean* Bardoulat, chanoine d'Eymoutiers en 1637.

2º *Gabrielle* Bardoulat, ursuline à Eymoutiers, quatrième supérieure des Ursulines de Limoges et sous-prieure sous la sœur de Noailles ; elle mourut à 43 ans.

3º *Pierre*, qui suit.

4º *Léonard* Bardoulat, s^r de la Brunerie, parrain de sa nièce, Marie B., le 23 oct. 1639.

IV. *Pierre* Bardoulat, 1er du nom, sieur de Plazanet, paroisse de Viam, né vers 1597, décéda le 3 oct. 1653 en son repaire de Plazanet, à l'âge d'environ 56 ans, et fut inhumé le lendemain dans le cimetière d'Eymoutiers.

En 1649, il fut consul d'Eymoutiers. Il acquit l'office de commissaire des tailles d'Eymoutiers, de Bourgneuf, de Saint-Hilaire-les-Courbes et de Bugeat.

Par acte du 21 oct. 1652, passé devant Villemonteys, notaire royal à Limoges, il acheta pour son fils, Pierre Bardoulat, sieur de la Brousse, moyennant la somme de 43.000 livres, de messire François de Verthamond, conseiller du Roi, trésorier général de France en la généralité de Limoges, l'office de conseiller du Roi, trésorier général de France en ladite généralité. Ledit de Verthamond s'engagea à faire ratifier par son fils, Martial de Verthamond, écuyer, seigneur de Lavault et du Mas-du-Puy, ce contrat de vente, qui fut passé en présence de Pierre Bardoulat, lieutenant des deux juridictions d'Eymoutiers, et de maître Jean de Coudier, praticien à Limoges. (Bibliothèque nationale. *Carrés de d'Hozier*, vol. 59, f⁰ 152.)

Pierre Bardoulat épousa, en 1627, *Marie* RUBENT [1], fille de Guillaume Rubent, et en eut huit enfants, savoir :

1⁰ *Pierre*, qui suit.

2⁰ *Jean* BARDOULAT, baptisé à Eymoutiers, le 10 nov. 1630 ; il eut pour parrain vénérable messire Jean Bardoulat, chanoine de l'église collégiale d'Eymoutiers, et pour marraine Jeanne Rubent, sa tante.

3⁰ *Marie* BARDOULAT, inhumée, le 10 juil. 1631, à l'entrée du chœur de l'église d'Eymoutiers, dans le tombeau des Rubent.

4⁰ *Jeanne* BARDOULAT, née le 2 juin 1633, baptisée à Eymoutiers, le 27 janv. 1637 ; elle eut pour parrain

---

1. RUBENT : *de gueules au chevron d'or traversé d'une truite d'argent et accompagné de 3 coquilles de même, posées 2 et 1.* (Vitrail de l'église d'Eymoutiers.)

Je dois la connaissance de ces armoiries à l'amabilité de M. Fernand de Queyriaux, propriétaire du château de la Tour, à Eymoutiers.

noble Germain Pichard, s^r de la Villeforceix, et pour marraine Jeanne Bardoulat, femme de Guillaume Boyer.

Elle épousa à Eymoutiers, en févr. 1645, *Jean* DE LA GRANGE, s^r de Courtiaux, juge d'Eymoutiers et ensuite baron de Tarnac [1], auquel elle avait été fiancée à l'âge de 11 ans et 7 mois, le 10 juil. 1644, **et dont** elle eut :

> *Joseph* DE LA GRANGE, baptisé à Eymoutiers, le 12 mars 1650 ; il eut pour parrain son grand-père maternel, Pierre Bardoulat, s^r de Plazanet, et pour marraine Marguerite Seiglière, veuve de Jean de la Grange, juge d'Eymoutiers, grand-père paternel de l'enfant.

Jeanne Bardoulat mourut peu après la naissance de son enfant, le 27 mars 1650.

5⁰ *Louise* BARDOULAT, née le 6 et baptisée à Eymoutiers, le 27 janv. 1637 ; elle eut pour parrain son oncle, vénérable messire Jean Bardoulat, chanoine d'Eymoutiers, et pour marraine damoiselle Louise de Villelume, femme de M. de Farsac. Elle épousa à Eymoutiers, le 15 févr. 1654, *Grégoire* CHASTAGNAC, s^r de Narbonné.

6⁰ *Jacqueline* BARDOULAT, baptisée à Eymoutiers, le 1er mai 1638 ; elle eut pour parrain Jacques Rubent, docteur en médecine, et pour marraine Jacqueline Seiglière, femme de Pierre Bardoulat, lieutenant d'Eymoutiers.

7⁰ *Marie* BARDOULAT, baptisée à Eymoutiers, le 23 oct. 1639 ; elle eut pour parrain son oncle Léonard Bardoulat, s^r de la Brunerie, et pour marraine Marie Rubent, femme de Pierre Pasquelet, greffier du cha-

---

1. DE LA GRANGE, barons de Tarnac, Limousin : *de gueules à 3 merlettes d'argent, au franc-quartier d'hermine.*

pitre d'Eymoutiers, ce dernier inhumé à Eymoutiers, le 13 nov. 1696.

V. *Pierre* BARDOULAT, IIe du nom, écuyer, sieur de la Brousse, puis de Plazanet, et trésorier général de France en la généralité de Limoges, naquit le 19 et fut baptisé à Eymoutiers, le 27 févr. 1628 ; il eut pour parrain Pierre Bardoulat, lieutenant des deux juridictions d'Eymoutiers, et pour marraine sa tante, Marie Romanet, veuve de monsieur de la Riffardie. Il mourut le 22 oct. 1679.

Par lettres de provisions du 20 nov. 1652, il avait été pourvu de l'office de conseiller du Roi, trésorier général de France en la généralité de Limoges. Il prêta serment en cette qualité et fut reçu audit office, au parlement de Paris, le 16 févr. 1653.

Pierre Bardoulat épousa, par contrat du 17 janv. 1654, passé devant Descure, notaire royal de Tulle, demoiselle *Marie-Gabrielle-Thérèse* DE LA SALVANIE [1], fille de maître Jean de la Salvanie, seigneur de Puymège, conseiller du Roi, lieutenant particulier aux sièges royaux de Tulle, et de Léonne de Mougen [2].

---

1. Marie-Gabrielle Thérèse de la Salvanie était sœur 1° de Dominique de la S., lieutenant particulier à Tulle ; 2° de Charlotte de la S., épouse de François Lagarde ; 3° de Jeanne de la S., femme de Jean de Saint-Priest, lieutenant du vi-sénéchal de Tulle.

2. Il y a une lacune à l'état-civil de Tulle pour le mois de juillet 1654. Nous n'avons pu en conséquence trouver l'acte religieux de ce mariage. Messire Anne-Dominique de la Salvanie, curé de Chaumeil (Corrèze), testa le 9 décembre 1675 et institua son héritière universelle Léonne de Mougen, sa belle-sœur, veuve dudit Jean de la Salvanie, frère du testateur. (Bibl. nat. *Pièces originales*, reg. 2623, cote 58304, n° 2. Extrait par Froment, notaire.)

De cette alliance naquirent onze enfants[1] :

1⁰ *Dominique*, qui suit.

2⁰ *Léonne* BARDOULAT, baptisée à Tulle, paroisse Saint-Julien, le 28 avril 1656 ; elle eut pour parrain Jean de la Grange, seigneur et baron de Tarnac, et pour marraine sa grand'mère maternelle, Léonne de Mougen.

3⁰ *Louise* BARDOULAT, baptisée en la même paroisse, le 22 juil. 1658 ; elle eut pour parrain François Lagarde, bourgeois de Tulle, et pour marraine Marie Bardoulat, représentant sa sœur, Louise Bardoulat, femme de Grégoire Chastagnac, s^r de Narbonné.

4⁰ *Marie* BARDOULAT, née le 26 juin 1661, baptisée en la même paroisse le surlendemain ; elle eut pour parrain Julien Salvanye-Faugeras, bourgeois de Tulle, représentant Dominique Bardoulat, frère aîné de l'enfant, et pour marraine sa grand'mère maternelle, Léonne de Mougen, femme de Jean de la Salvanye, lieutenant particulier de la ville de Tulle.

5⁰ *Grégoire-Alexis* BARDOULAT, né le 14 juil. 1663, baptisé en la même paroisse, le 11 févr. 1664 ; il eut pour parrain Grégoire de Chastagnac, écuyer, s^r de Narbonnet, et pour marraine Jeanne de la Salvanye.

6⁰ *Thérèse* BARDOULAT, religieuse, baptisée en la même paroisse, le 11 févr. 1664 ; elle eut pour parrain Jacques de Fieux, écuyer, s^r de la Blénye, et pour marraine sa grand'mère maternelle, Léonne de Mougen.

7⁰ *Marie-Gabrielle* BARDOULAT, baptisée en la même paroisse, le 26 sept. 1665.

8⁰ *Marie-Anne* BARDOULAT, baptisée en la même paroisse

---

1. Chérin donne pour enfants à Pierre Bardoulat et à Marie-Gabrielle-Thérèse de la Salvanie : 1⁰ à 7⁰ *Pierre*, *Léonard*, autre *Léonard*, *Thérèse*, *Guabrion* et *Marie-Anne*, qui, le 2 sept. 1695, partagèrent la succession de leur père avec leur mère, alors habitant à Tulle ; 8⁰ *Joseph*, rappelé comme décédé dans cet acte de partage.

le 19 décembre 1666 ; elle eut pour parrain messire Pierre Serre, prêtre, représentant Grégoire-Alexis de Bardoulat, frère de l'enfant, et pour marraine Eléonore de Mougen, représentant Thérèse Bardoulat, sœur de l'enfant. Elle épousa en la même paroisse, le 5 sept. 1702, maître *Jean-François* JARRIGE, seigneur de Bournazel, lieutenant particulier au présidial de Tulle, fils de François Jarrige [1], seigneur d'Enval, conseiller du Roi en l'élection de Tulle, et de Marie-Anne Soleilhauf ; présents : le père de l'épouse et Jean-Joseph Jarrige de la Valette.

9° *Jean-Pierre* BARDOULAT, baptisé en la même paroisse, le 5 janv. 1668 ; il eut pour parrain son frère, Grégoire-Alexis Bardoulat, représenté par messire Pierre Serre, prêtre de l'église Saint-Julien de Tulle, et pour marraine sa grand'mère maternelle, Léonne de Mougen, alors veuve de Jean de la Salvanye, lieutenant particulier aux sièges royaux de Tulle.

10° *Pierre-Calmine* BARDOULAT, né le 22 déc. 1672 et bapt. le lendemain en la même paroisse ; il eut pour parrain Jean Bardoulat, représenté par Dominique Bardoulat de la Salvanie, tous deux ses frères, et pour marraine sa grand'mère maternelle, Léonne de Mougen, alors veuve.

11° *Jeanne-Marie* BARDOULAT, mariée à *Jean-Joseph* DE CHABANES [2], conseiller du Roi, lieutenant général en la sénéchaussée de Tulle ; ils se firent une donation,

---

1. François Jarrige mourut en 1718, après avoir épousé 2° Marie de Chabanes. Ses armes sont ainsi enregistrées à la page 160 de l'*Armorial de Limousin* de 1696 : *d'azur à une barre d'or accompagnée de deux coquilles d'argent, une en chef et l'autre en pointe ; au chef cousu de gueules chargé d'un croissant d'argent accosté de 2 étoiles d'or.*

2. Jean-Joseph de Chabanes, lieutenant général au présidial de Tulle, porte *d'azur à une cabane d'argent maçonnée de sable, ajourée d'une porte et de deux fenêtres de même et essorée d'or, sur une terrasse de sinople : au chef cousu de gueules chargé de deux croissants d'argent.* (*Armorial de Limousin* de 1696, p. 159, bureau de Tulle.)

le 4 août 1693, et eurent une fille, Marie de Chabanes, dame de Saint-Paul, qui épousa, le 28 nov. 1709, Armand de Lauthonye, chevalier, seigneur de la Garde, fils de Joseph de Lauthonye, brigadier dans la compagnie des gentilshommes du Bas-Limousin, et de Marguerite du Pradel. Armand de Lauthonye eut de ce mariage une fille, Jeanne-Eléonore, qui fut la femme de Dominique-Jean-Joseph Bardoulat de la Salvanie.

VI. *Dominique* BARDOULAT, 1er du nom, écuyer, seigneur de Plazanet, de la Salvanie et de Puymège, président-trésorier général de France en la généralité de Limoges, né en 1655, testa le 21 mai 1731, devant Bussière, notaire royal à Tulle, et fut inhumé en l'église Saint-Julien de Tulle, le 6 juin 1731, à l'âge de 76 ans.

Par lettres de provisions du 6 juin 1681, il fut pourvu de l'office de conseiller du Roi, trésorier général de France en la généralité de Limoges ; il prêta serment en cette qualité, à Fontainebleau, entre les mains du chancelier de France, le 16 sept. 1681, et fut reçu audit office à Limoges, le 24 nov. suivant.

Il épousa 1° *Suzanne* DEVELLY, nommée dans le testament de son fils Dominique du 11 mars 1762 ; 2° par acte sous seing privé du 10 mai 1704, déposé le 14 du même mois chez Froment, notaire royal, demoiselle *Françoise-Thérèse* TEYSSIER[1], demoiselle de l'Auvinerie, de la ville de Tulle, fille de Jean-

1. DE TEYSSIER DE CHAUNAC : *de sinople au chevron d'or, accompagné en chef de deux roses de même et en pointe d'un agneau pascal d'argent ; au chef cousu d'azur, chargé de trois étoiles d'or.*

Joseph Teyssier, seigneur de Chaunac, du Mazel et d'Augeat, en Limousin, et d'Aimée de Fénis. La future reçut en dot de son père le repaire noble de Colau ou Colair, sis près de la ville de Tulle et dans la paroisse de Saint-Julien, avec droit de justice moyenne et basse.

Dominique Bardoulat eut de son premier mariage :

1° *Dominique*, qui continue la filiation.

Et de son second mariage :

2° *Dominique-Jean-Joseph*, auteur des Bardoulat de la Salvanie, rapportés plus loin, p. 28.

3° *Jean-Joseph-Xavier* BARDOULAT, qualifié prieur de Sallertaine dans le testament de son père du 25 mai 1731 ; il naquit le 15 et fut baptisé en la paroisse Saint-Julien de Tulle, le 18 nov. 1710; il eut pour parrain son grand-père maternel, messire Jean-Joseph de Teyssier, écuyer, seigneur de Chaunac, maître des requêtes du duc de Berry, et pour marraine Marie-Anne Bardoulat, épouse de Jean-François Jarrige, seigneur de Bournazel, lieutenant particulier aux sièges royaux de Tulle. Le baptême eut pour témoin messire Marc-Antoine Bosc, chevalier, marquis du Bouchet et baron de Valgrand, Valpetit, Montaubert, seigneur de la Calmette, la Faurquette et autres lieux, conseiller du Roi en ses conseils, maître des requêtes ordinaire de son hôtel, intendant de justice et finances en la généralité de Limoges, surintendant des maison et finances de la duchesse de Bourgogne.

4° *Jacques* BARDOULAT DE LA SALVANIE, écuyer, seigneur de Lissat, naquit le 25 oct. 1171 et fut baptisé le surlendemain en la paroisse Saint-Julien de Tulle ; il eut pour parrain Jacques Grandchamp, seigneur des

Raux, et pour marraine Catherine Teyssier, fille d'Etienne-Jean-Joseph Teyssier,. avocat, conseiller secrétaire du Roi, Maison Couronne de France et de ses finances.

Jacques Bardoulat, page en 1731, puis gentilhomme du comte de Clermont, fut aussi capitaine au régiment d'Enghien-infanterie, chevalier de Saint-Louis et écuyer-cavalcadour de la reine Marie Leczinska. Il épousa, à Versailles, le 25 juin 1749, *Marie-Catherine* LE LEU [1], fille de Pierre Le Leu, écuyer, seigneur d'Olizy, de Boujacourt, de Nogent et du Chemin, correcteur de la Chambre des Comptes de Paris, et de Perrette Le Large, et veuve d'Hyacinthe Teyssier des Farges, écuyer, seigneur de Beaulieu, chevalier de Saint-Lazare et de Notre-Dame du Mont-Carmel gentilhomme du duc de Bourbon, capitaine de cavalerie au régiment de Condé, mort écuyer-calvadour de la Reine et commandant de son écurie à Versailles, le 13 avril 1743. (Bibl. nat. *Pièces originales,* reg. 194, cote 4224, n° 4. *Nouveau d'Hozier* 312, cote 7254, et d'Hozier. *Armorial,* reg. v.)

5° *Pierre* BARDOULAT, prêtre, prieur de Ranty, légataire de son père dans le testament de celui-ci du 21 mai 1713.

VII. *Dominique* DE BARDOULAT, IIe du nom, écuyer, seigneur de Plazanet et autres lieux, habitant au village de Plazanet, paroisse de Viam, fit son testament mystique au bourg de Voutezac en Bas-Limousin, le 11 mars 1762. Dans cet acte que Dominique Bardoulat scella de ses armes [2] et qu'il déposa le

---

1. LE LEU, seigneurs d'Olizy et barons d'Aubilly : *de gueules au chevron d'or accompagné de trois têtes de loup de même.*

2. Cet acte qui se trouve aux Archives départementales de la Corrèze, sous la cote E.647, porte quatre cachets en cire rouge aux armes du

même jour chez Lavaud, notaire royal dudit Voutezac, il fait des legs à Suzanne Develly sa mère, à Jacques-Charles et Charlotte-Suzanne, ses enfants puînés, et institue son héritier universel Jean-Joseph-Dominique, son fils aîné. Ce testament fut ouvert à Tulle, après le décès de Dominique de Bardoulat, le 30 novembre 1764, par Baudry, notaire royal, en présence de messire Jean-Joseph-Dominique de Bardoulat, écuyer, seigneur de Plazanet, de la Chassaigne, Nègremont et autres lieux, gendarme de la garde ordinaire du Roi, habitant en son château de Plazanet, paroisse de Viam, fils aîné du défunt, de messire Dominique-Jean-Joseph de Bardoulat, écuyer, seigneur de la Salvanie, de Puymège, de Laguenne, des Egliseaux et autres places, habitant de Tulle, et de messire Charles David, baron de Lastour, écuyer, sgr de Balesme et y demeurant, paroisse d'Affieux. (*Archives départementales de la Corrèze*. E. 647.)

Dominique de Bardoulat avait épousé *Marianne-Radegonde* HUGON DU PRAT [1], dont il eut :

1⁰ *Jean-Joseph-Dominique*, qui suit.

2⁰ *Jacques-Charles* DE BARDOULAT.

3⁰ *Charlotte-Suzanne* DE BARDOULAT.

---

testateur : sur un cartouche, écusson ovale *d'azur à un chevron d'argent accompagné de trois molettes d'éperon de même, deux en chef et une en pointe*. Supports : *deux lions*. Couronne : *de marquis*. (Voir *La Sigillographie du Bas-Limousin* par P. de Bosredon et E. Rupin. Brive, in-4⁰, 1886, p. 70.)

1. HUGON DU PRAT, en Limousin : *d'azur à deux lions d'or, posés en pied, lampassés et armés de gueules.*

VIII. *Jean-Joseph-Dominique* DE BARDOULAT, écuyer, seigneur de Plazanet, de la Chassaigne, de Nègremont et autres lieux, gendarme ordinaire de la garde du Roi, gouverneur de la ville de Treignac pour le Roi, habitait en son château de Plazanet, paroisse de Viam. Il gagna un procès contre les habitants de Toy-Wiam qui lui contestaient les droits, privilèges et exemptions de noble, dont il jouissait et dont ses auteurs avaient joui. Il épousa, par contrat du 30 nov. 1764, passé devant Baudry, notaire royal de Tulle[1], et le même jour, en l'église Saint-Julien de cette ville, demoiselle *Marie-Françoise* LASELVE DE REIGNAC[2], *alias* REYNAC, fille de messire Jean-Martin Laselve, écuyer, seigneur de Bity, et de feue Françoise Desplasses *alias* des Plasses. Furent présents à cette cérémonie : messire Jean-Joseph-Dominique de Bardoulat, chevalier, seigneur de la Salvanie, Lissat, les Egliseaux et autres lieux, habitant de la ville de Tulle, fondé de procuration de la dame Hugon du Prat, mère de l'époux, passée devant Salviat, notaire à Viam, le 27 nov. 1764; messire Charles David, baron de Lastour, écuyer, seigneur de Balesmes, demeurant en son château de Balesmes, paroisse d'Affieux, messire Jean-Martin-Gabriel de Laselve, seigneur de Chassain ou Chassein, habitant paroisse Saint-Julien de

---

1. Archives départementales de la Corrèze. E. 83.

2. L'*Armorial du Limousin* de 1696 contient, p. 474, l'enregistrement d'armoiries suivant : Etienne La Selve, conseiller au présidial de Tulle, et N... sa femme : *d'argent au chevron d'azur accompagné de 3 trèfles de sinople ; accolé d'argent à une quintefeuille de gueules.*

Tulle, frère de l'épouse, messire Gabriel Puyhabilier, écuyer, seigneur de Souries et de la Jarrige, et maître Bernard Baudry, notaire royal, ces trois derniers, ainsi que le procureur fondé, habitants de Tulle.

Marie-Françoise de la Selve était veuve le 7 avril 1788. *(Archives de la Corrèze. B. 186.)* Elle avait eu de son mariage avec Jean-Joseph-Dominique de Bardoulat :

1⁰ *Jean-Jacques-Charles*, qui suit.

2⁰ *Marie* DE BARDOULAT DE PLAZANET, née en 1770, morte à Plazanet, le 7 nov. 1825, à l'âge de 55 ans.

3⁰ *Marie-Thérèse* DE BARDOULAT DE PLAZANET, née en 1772, morte à Plazanet, le 11 août 1832, à l'âge de 60 ans.

IX. *Jean-Jacques-Charles* DE BARDOULAT DE PLAZANET, seigneur de Plazanet, maire de Viam, né en 1765, mort à Plazanet, le 20 juil. 1835, à l'âge de 70 ans, avait épousé *Côme-Marie-Gillette* PASQUET DE SAINT-MEYMIT [1], née en 1773, morte à Treignac, le 17 déc. 1846, à l'âge de 73 ans. De cette alliance naquirent onze enfants :

1⁰ *Charles-Martin-Victor*, qui suit.

2⁰ *Marie-Françoise* DE BARDOULAT DE PLAZANET, née à Plazanet, le 23 frimaire an XIII (1er déc. 1804), décédée en 1862.

3⁰ *Jacques* DE BARDOULAT DE PLAZANET, né à Plazanet, le 28 sept. 1807.

---

1. PASQUET DE SAVIGNAC ET DE SAINT-MEYMIT : *d'azur au cerf d'or, nageant dans une rivière d'argent, mouvante de la pointe de l'écu.*

4° *Louis-Jean-Baptiste* DE BARDOULAT DE PLAZANET, né à Plazanet, le 27 nov. 1808, mort en juin ou juil. 1844.

5° Marie-Clotilde-*Pauline* DE BARDOULAT DE PLAZANET, née à Plazanet, le 12 août 1810, morte en 1886 ; elle épousa le vicomte Ludovic de Cremoux.

6° *Jacques-Pierre*, dit *Henri*, dont l'article viendra après celui de son frère, Charles-Martin-Victor.

7° *Marie*-Gabrielle DE BARDOULAT DE PLAZANET, morte en 1862.

8° Jacques-Pierre-*Clovis* DE BARDOULAT DE PLAZANET, mort entre 1858 et 1861, avait épousé mademoiselle LAVERGNE, dont un fils : *Martial* BARDOULAT DE PLAZANET, vivant en 1872.

9° *Charlotte* DE BARDOULAT DE PLAZANET, épouse de M. NADAUD.

10° *Marie-Mélanie* DE BARDOULAT DE PLAZANET.

11° *Adélaïde* DE BARDOULAT DE PLAZANET.

X. *Charles-Martin-Victor* DE BARDOULAT DE PLAZANET, né en 1796, mort à Plazanet, le 13 mai 1852, à l'âge de 56 ans, avait épousé, en 1828, *Marie-Amable-Adélaïde* DE LACHAZE DE SAINT-GERMAIN [1], dont cinq enfants :

1° *Michel-Gilles-Jules* DE BARDOULAT DE PLAZANET, né à Plazanet, le 30 mai 1829.

2° *Jean-Baptiste* DE BARDOULAT DE PLAZANET, né *ibidem*, le 16 sept. 1833.

3° *Jacques-Pierre* DE BARDOULAT DE PLAZANET, né *ibidem*, le 11 mai 1835.

---

1. Cette famille est actuellement représentée par Gaston Lachaze de Saint-Germain, avocat à Ussel.

4° *Jean-Baptiste-Louis* DE BARDOULAT DE PLAZANET, né *ibidem*, le 12 déc. 1837.

5° *Jean-Baptiste* DE BARDOULAT DE PLAZANET, né *ibidem*, le 8 nov. 1840.

X. *Jacques-Pierre*, dit *Henri*, DE BARDOULAT DE PLAZANET, né à Plazanet, le 27 sept. 1818, mort à Paris, le 17 févr. 1868, avait épousé, le 27 sept. 1857, *Marie*-Fortunée AVRIL, née le 15 mars 1839, à Paris, † le 2 janv. 1872, dont cinq enfants :

1° *Jeanne*-Marie-Cornélie DE BARDOULAT DE PLAZANET, née le 20 nov. 1858.

2° Louise-Elisabeth-*Alice* DE BARDOULAT DE PLAZANET, née le 9 oct. 1860, † le 19 juin 1866.

3° Jacques-Charles-*Frédéric*, qui suit.

4° Marie-Pauline-*Henriette* DE BARDOULAT DE PLAZANET, née le 12 juil. 1864, mariée, le 5 mars 1888, avec M. Violette, dont un fils : *André* VIOLETTE, né le 18 mai 1891.

5° Jean-*Benjamin* DE BARDOULAT DE PLAZANET, né le 6 févr. 1867.

XI. Jacques-Charles-*Frédéric* DE BARDOULAT DE PLAZANET, né le 20 juin 1862, a épousé mademoiselle *Madeleine* WILLEMSENS, dont trois enfants :

1° *Raymond* DE BARDOULAT DE PLAZANET, né à Paris, le 6 janv. 1896.

2° *Maurice* DE BARDOULAT DE PLAZANET, né *ibidem*, le 4 févr. 1897.

3° *Hélène* DE BARDOULAT DE PLAZANET, née *ibid.*, le 14 oct. 1898.

DE BARDOULAT DE LA SALVANIE

VII. *Dominique - Jean - Joseph* DE BARDOULAT, écuyer, seigneur de la Salvanie, de Puymège, de Lissat, des Eglisaux et de Maugein, fils cadet de Dominique de Bardoulat, écuyer, seigneur de Plazanet, et de Françoise-Thérèse Teyssier de Chaunac, sa seconde femme (voir page 21), fut baptisé en la paroisse Saint-Julien de Tulle, le 6 sept. 1703 ; il eut pour parrain son aïeul maternel, Etienne-Jean-Joseph Teyssier, écuyer, seigneur du Mazel, conseiller secrétaire du Roi, maison, couronne de France et de ses finances, et pour marraine sa tante maternelle, mademoiselle Eléonore (lisez Léonne) de Bardoulat de l'Estang. Il fut d'abord mousquetaire du Roi à la première compagnie, puis, en 1731, après la mort de son père, trésorier général de France en la généralité de Limoges. Par acte sous seing privé du 26 août 1731, il vendit cet office à Pierre-Joseph Goudin, conseiller du Roi en la sénéchaussée de Limoges. Le 22 août 1740, devant Péconnet, notaire royal, il vendit un domaine situé au village de Brenat, paroisse de Saint-Pierre-Château, pour la somme de 1000 livres, à Antoine de la Geneste, curé de Doms, frère de Pierre-Marie de la Geneste, curé de la Vinadière, le 8 février 1744. (*Archives de la Corrèze.* B. 363.)

Il épousa, par contrat du 1ᵉʳ juin 1738, *Jeanne-Eléonore* DE LAUTHONYE[1], fille d'Armand de Lauthonye, chevalier, seigneur de la Garde, et de Marie de Chabanes, dame de Saint-Paul, cette dernière fille de Jean-Joseph de C. et de Jeanne-Marie de Bardoulat. Etant veuve, le 19 avril 1769, Jeanne-Eléonore de Lauthonye se fit représenter au second mariage de son fils aîné par son frère, messire Jean-Charles de Lauthonye, seigneur de la Garde, de Chaunac, de Boissy et de Meyrignac. Elle avait eu de son mariage :

1⁰ *Jean-Charles-Joseph*, qui suit.

2⁰ *Jean-François-Aime* DE BARDOULAT DE LA SALVANIE, né le 11 oct. 1745, eut pour parrain son oncle paternel, messire Jacques de Bardoulat, seigneur de Lissat, écuyer cavalcadour de la reine Marie Leczinska. Le 27 nov. 1767, il fut reçu chanoine de l'église cathédrale de Tulle.

3⁰ *N...*, prieur de Renty.

4⁰ *N...*, prieur de Salaterre *(sic)*.

5⁰ *N...*, abbesse de Salingue *(sic)*.

VIII. *Jean-Charles-Joseph* DE BARDOULAT, chevalier, seigneur de la Salvanie, de Puymège, de Donnet, de Maugein, de Lissat, de Laguenne et autres lieux, mousquetaire à cheval de la garde ordinaire du Roi à la première compagnie, naquit et fut baptisé en la paroisse Saint-Julien de Tulle

---

1. DE LAUTHONYE : *écartelé : aux 1ᵉʳ et 4ᵉ, d'azur à deux épis de blé effeuillés d'or ; aux 2ᵉ et 3ᵉ, d'or à trois étoiles d'azur.*

le 7 juil. 1741 ; il eut pour parrain Jean-Charles de Lauthonye, chevalier, seigneur de la Garde, et pour marraine dame Thérèse Teyssier de Chaunac.

Le 5 juin 1764, il obtint du marquis de Jumilhac, lieutenant général des armées du Roi, capitaine-lieutenant de la première compagnie des mousquetaires à cheval de la garde du Roi, un certificat portant qu'il avait bien servi en ladite compagnie, en qualité de mousquetaire, du 27 sept. 1757 au 5 juin 1764.

Le 9 déc. 1768, il rendit foi et hommage, à Limoges, pour le fief de Maugein.

Le 10 juil. 1775, il rendit aussi foi et hommage par procuration devant notaire au Châtelet de Paris, au comte d'Artois, vicomte de Turenne, pour ses fiefs et ténements de Lissat, de las Costas et de Maugein, sis en la paroisse de Naves, en Limousin.

Le 6 sept. 1784, il rendit encore foi et hommage au bureau des finances de la généralité de Limoges pour les mêmes fiefs.

Le 29 oct. 1777 (il demeurait alors à Tulle, en son hôtel, rue du Lion d'or, paroisse Saint-Julien), par acte passé devant Baudry, notaire de cette ville, il donna procuration à messire Samson de Royère, trésorier de France et ancien mousquetaire de la première compagnie de la garde du Roi, « pour et en son nom passer et consentir « procuration *ad resignandum* de l'état et office « de président trésorier de France en la généralité « de Limoges, en faveur et au profit de messire

« Guillaume de Léobardy du Mazeau, ancien gen-
« darme de la garde ordinaire du Roy, et consen-
« tir à ce qu'après le décès dudit sieur du Mazeau
« ou après qu'il l'aura jouy vingt ans, ledit état et
« office revienne audit sieur Bardoulat ou à ses
« héritiers pour en faire et disposer à ses plaisirs
« et volontés comme de chose à luy apparte-
« nante ».

Le 17 juin 1782, Jean-Charles-Joseph de Bardoulat obtint du duc de Vausalie un certificat portant
qu'il avait fait la campagne de 1761 en qualité de
mousquetaire.

« Comme arrière-petit-fils de Pierre Bardoulat
« pourvu, le 3 nov. 1652, de l'office de trésorier de
« France au bureau des finances de Limoges et
« auquel succéda, le 6 juin 1681, Dominique Bar-
« doulat, son fils, décédé pourvu dudit office, en
« 1731 », Jean-Charles-Joseph de Bardoulat reçut,
le 8 mai 1787, « en conséquence de l'arrêt du
« Conseil du 3 avril précédent, de M. Bertin, tré-
« sorier des Revenus casuels, quittance de la
« somme de 6.600 livres pour les deux sols pour
« livre pour, par lui, ses enfans et descendans en
« ligne directe et légitime mariage, être et demeu-
« rer confirmés dans tous les droits et privilèges
« de noblesse, jouir en conséquence de tous les
« titres et prérogatives des autres nobles du
« Royaume, être inscrits au cathalogue des no-
« bles, conformément à l'édit d'avril 1771 ». Cette
quittance donnée à Paris, signée Bertin et enregis-
trée au contrôle général des finances le 11 dudit

mois de mai 1787. Signé Perrotin. (Parchemin original produit devant Chérin.)

Le 12 mars 1789, devant Freignac et Baudry, notaires royaux à Tulle, Jean-Charles-Joseph de Bardoulat donna procuration à messire Loyac de la Bachelerie pour le représenter, le 16 suivant, à l'assemblée générale des trois états de la sénéchaussée de Tulle, convoquée par lettres du Roi données à Versailles le 24 janv. dernier pour la convocation des Etats généraux et l'élection des députés. Il demeurait alors en son hôtel du Lion d'or, à Tulle, paroisse Saint-Julien. L'acte porte que ledit procureur concourra, au nom dudit seigneur constituant, à l'élection des députés de l'ordre de la noblesse. *(Archives de la Corrèze.* B. 955.)

Jean-Charles-Joseph de Bardoulat avait épousé 1° par contrat du 6 nov. 1764, passé devant Fournier jeune, notaire royal à Limoges, demoiselle *Marie* DU PEYRAT DE THOURON [1], fille mineure de feu messire Louis du Peyrat, baron de Thouron (actuellement commune de la Haute-Vienne, canton de Nantiat, arrondissement de Bellac), et de feue Henriette-Françoise de Lassaigne de Saint-George. Le futur fut assisté à ce contrat par son curateur, messire Joseph de Faure, chevalier, seigneur de la Grange et de l'Aumônerie, chevalier de Saint-Louis, ancien gendarme de la garde du

---

1. DU PEYRAT DE THOURON : *d'azur au château d'or accompagné de 3 tours maçonnées de sable.* Famille naguère représentée par Raoul du Peyrat de Thouron, maire de cette commune.

Roi et capitaine de cavalerie, et la future, de son frère, messire Joseph du Peyrat, chevalier, seigneur baron de Thouron, ce dernier procédant de l'autorité de son curateur, messire François du Peyrat, chevalier, seigneur des Mas, ancien capitaine au régiment de Saint-Chamon-infanterie.

Jean-Charles-Joseph de Bardoulat épousa en secondes noces, par contrat du 19 avril 1769, passé devant Fournier, notaire royal à Limoges, demoiselle *Marie-Julie* DE VILLOUTREIX DE FAYE [1], fille de messire Jean de Villoutreix, chevalier, seigneur de Faye, de Villoutreix, de Lambaudie et de la Rivière, ancien chevau-léger de la garde ordinaire du Roi, et de feue Jeanne Morel de Fromental, sœur de feu messire Jean Morel de Fromental de la Coste.

Du second mariage naquirent :

1⁰ *Jean-Baptiste-Auguste*, qui suit.

2⁰ *Jacques-François* DE BARDOULAT DE LA SALVANIE, né le 19 mai 1774 et baptisé le lendemain dans l'église Saint-Julien de Tulle, obtint, le 26 févr. 1787, comme son frère aîné, de Louis-Nicolas-Hyacinthe Chérin, généalogiste des ordres du Roi, un certificat de noblesse pour le service militaire. (Bibl. nat. *Col. Chérin* 214, f⁰ 117 verso.) Il fut tué au siège de Lyon.

3⁰ Une fille, mariée à M. DE VOYON, seigneur de la Planche.

---

1. DE VILLOUTREIX DE FAYE : *d'azur au chevron surmonté d'un croissant accosté de deux étoiles, et accompagné en pointe d'une rose, le tout d'or. (Armorial de Limousin de 1696, p. 216.)*

IX. *Jean-Baptiste-Auguste* DE BARDOULAT DE LA SALVANIE, chevalier, seigneur de Puymège, Donnet, Maugein et autres lieux, garde du corps du roi Charles X, né à Tulle, le 21 mars 1771, et baptisé le lendemain dans l'église Saint-Julien, obtint, le 26 févr. 1787, de Louis-Nicolas-Hyacinthe Chérin, généalogiste des ordres du Roi, un certificat de noblesse pour le service militaire. (Bibl. nationale. *Collection Chérin* 214, f° 117 verso.) Il épousa en 1801 noble dame *Angélique* GARAT DE SAINT-PRIEST-TAURION, dont il eut trois enfants :

1° *Alexandre* DE BARDOULAT DE LA SALVANIE, ancien officier de cavalerie, démissionnaire en 1830, avait épousé en 1829, *Laure* DE MALET DE GRAVILLE[1], fille du marquis de Malet de Graville et de N... de Beauclerc. Il est mort en 1869. Il avait eu deux enfants de son mariage :

A. *Maxime* DE BARDOULAT DE LA SALVANIE, né en 1831, mort en 1868, avait épousé *Sylvie* [DE LENET[2], dont une fille unique : *Marie* DE BARDOULAT DE LA SALVANIE, vivante en 1874.

B. *Marie* DE BARDOULAT DE LA SALVANIE, morte à 17 ans.

2° *Jules*, qui suit.

3° *Angélique* DE BARDOULAT DE LA SALVANIE, mariée à M. DU FAURE DU BESSOL, dont deux garçons et une fille.

---

1. MALET DE GRAVILLE, Normandie : *de gueules à 3 fermeaux d'or.* DEVISE : *Ma force d'en haut.*

2. DE LENET, Bourgogne : *d'azur à la fasce ondée d'argent accompagnée de trois quintefeuilles d'or.*

X. *Jules* DE BARDOULAT DE LA SALVANIE, marié en 1850 à *Hermine* MAISONNEUFVE DE LACOSTE, dont deux enfants, vivants en 1874 :

1° *Julie* DE BARDOULAT DE LA SALVANIE, née le 9 avril 1852.

2° *Aymeric* DE BARDOULAT DE LA SALVAVIE, né le 30 oct. 1855.

INDEX

DES NOMS DE FAMILLES
ET DE LOCALITÉS

Les noms de localités sont en italique. Les astérisques renvoient aux armoiries des familles. Un certain nombre de noms se trouvant répétés plusieurs fois dans la même page, il est par suite nécessaire de parcourir complètement la page indiquée par la table.

Bergerac. — Imprimerie Générale du Sud-Ouest (J. CASTANET).